© 2017, Éditions Auzou.
Primera edición, España, enero de 2025.
Fabricado por Éditions Auzou,
24-32, rue des Amandiers, 75020 París, Francia.
Impreso en China.
Todos los derechos reservados para todos los países.
Depósito legal: enero de 2017.

La mentira de
MouStache

Texto de Armelle Renoult
Ilustraciones de Mélanie Grandgirard

AUZOU

En un rincón de la granja, Moustache ha encontrado una red y una caña de pescar. Muy contento, corre en busca de su amigo.

—¡Eh, Chucho! ¿Te vienes a pescar conmigo?
Pero se le enredan las patas y se va al suelo con todos los bártulos.

Chucho, muerto de risa, corre para ayudarlo.
—¡Mira que eres payasete! Guárdame la pelota y te ayudo.
¡Cuídala bien, es muy valiosa!

Una vez liberado Moustache, los dos amigos se dirigen al lago y deciden tomar un atajo por el redil.

Pero, en cuanto abren la puerta, el carnero, con la cabeza gacha, se prepara para embestir a los intrusos. ¡Rápido! Los dos amigos salen corriendo. Tras ellos, las ovejas se escapan y acaban desperdigadas por la granja. ¡Menudo desastre!

—Espérame aquí —dice Chucho—. Voy a meterlas otra vez en el redil.
Moustache quiere ayudar a su amigo, ¡pero es un gato pastor pésimo!

Moustache divisa una oveja al lado del pozo. Hace aspavientos y maúlla
para ahuyentarla, pero la oveja no se inmuta. A la desesperada,
Moustache le lanza la pelota de Chucho a la cabeza. Por desgracia,
calcula mal y cae al fondo del pozo. Menos mal que Chucho no lo ha visto.

Ya juntos de nuevo, Chucho busca la pelota con la mirada,
pero a Moustache no le apetece nada admitir su torpeza.
—No te preocupes, la he puesto en mi bolsa —miente con
todo descaro.
Los dos amigos retoman la marcha hacia el lago.

En la orilla, Moustache desamarra una barca oculta entre los juncos. Chucho pega un salto y la embarcación se tambalea peligrosamente.

Moustache retrocede, un poco asustado, con los pelos de punta.
—Venga, vamos —insiste el perro.

Moustache cierra los ojos, coge impulso y salta.
—¡Cuidado! —grita Chucho—. ¡Casi te caes al agua!
¿Todavía tienes mi pelota? —pregunta preocupado.

Moustache hace como que mira en su bolsa.
—Sí, sí, sigue aquí —miente de nuevo.

Chucho rema con entusiasmo, pero con un solo remo, así que lo único que consigue es que la barca dé vueltas sobre sí misma. Tumbado, Moustache no se encuentra bien.

Chucho frunce el hocico mientras observa al gato.

—Estás muy pálido, Moustache, creo que te has mareado.
Desembarquemos y vayamos al bosque a tomar un poco el aire.

Una vez en tierra firme, Moustache da algunos pasos.
Al menos se mantiene en pie.

Las libélulas le hacen cosquillas en los bigotes.
¡Guay! El gatito ya se siente en forma y agarra
su red.

—¡No hay duda, prefiero la caza! —exclama mientras las persigue.

—¡Uy, sí! Y mira todas esas nutrias sacando los hocicos fuera del agua —dice Chucho mientras las persigue pegando fuertes ladridos.

Cansado de perseguir nutrias, Chucho mete la nariz en la bolsa del gatito.

—Oye, Moustache, ¿sabes dónde está mi pelota?

El gato duda un poco, pero al final miente otra vez.

—He pillado a una nutria hurgando en nuestras cosas. ¡La habrá robado sin que nos demos cuenta! —disimula indignado.

Chucho, triste, se hace un ovillo. Al gatito se le encoge el corazón. ¡Pobre Chucho!

—Ha ido hacia el huerto —dice Moustache para darle algo de esperanza—. ¿Vamos a mirar?

En el huerto, Moustache finge buscar la pelota.
Le remuerde la conciencia. ¿Debería confesar?
¡Todavía no! Si pudiera ganar algo de tiempo,
podría recuperar la pelota y salir airoso del apuro...

—A lo mejor la granjera la ha confundido con una manzana
y la ha cogido sin darse cuenta —sugiere Moustache—.
Volvamos a la granja para comprobarlo.
Moustache deja que Chucho regrese en barca
y quedan en verse en la granja.
—¡Ja, ja, ja! —se burla Chucho—. ¡Definitivamente,
tú eres más de secano!

En cuanto Chucho se da media vuelta, Moustache se adentra
en el bosque escalando rocas, saltando vallas y cruzando
riachuelos.

Finalmente consigue llegar al redil de las ovejas,
cubierto de barro y sin aliento.

Sonríe. Justo lo que había pensado: a esta hora las ovejas
están recogidas. ¡Vía libre! A toda prisa,
Moustache prosigue su camino hacia la granja.

El gatito se inclina para mirar dentro del pozo. ¡Qué profundo!
Moustache se mete en el cubo y desciende hasta el fondo.
¡Uf! La pelota sigue allí... Si la esconde en la cesta de
las manzanas antes de que llegue Chucho, ¡él mismo
la encontrará y no tendrá que confesar su metedura de pata!

¡Uy! El cubo no sube, pesa demasiado con el gatito dentro.
¡Se ha quedado atrapado! ¡Pobre Moustache!
Maúlla durante un buen rato, pero nadie le oye.

Mientras tanto, Chucho llega a la granja. La granjera ha dejado
la cesta por allí, pero ni rastro de la pelota… Y, sobre todo,
¡ni rastro de Moustache! El perro se empieza a preocupar.
Aunque está anocheciendo, Chucho va en busca de su amigo.

En el fondo del pozo, Moustache tiembla de frío y miedo.
Se maldice a sí mismo.
—Si hubiera dicho la verdad, Chucho me hubiera ayudado
a recuperar su pelota y no estaría aquí atrapado.

Chucho ha estado buscando sin éxito
a Moustache por todos lados…
De vuelta a la granja, escucha un débil
maullido que proviene del pozo.
Va corriendo a mirar.
—¡Moustache! ¿Estás ahí?
Tira de la cuerda de la polea y
aparece Moustache congelado.

—Lo si... si... si... siento, Chucho. Toma tu pe... pe... pe... pelota, fui yo qui... qui... quien... —dice tiritando.

Pero Chucho no le deja terminar. Emocionado por haber encontrado a su amigo, lo cubre de lametazos.

—¡Oh, Moustache, no importa, tenía mucho miedo de haberte perdido!

—Y yo tenía mucho miedo de perder tu amistad... —murmura Moustache aliviado—. ¡Te prometo que jamás volveré a mentirte!

—¡Ay, Moustache, eso es una promesa imposible de cumplir! —ríe Chucho.